AF405020

FRAGMENT DE STATISTIQUE.

DU COMMERCE

ET DE LA PRODUCTION DU SEL

DANS LE DÉPARTEMENT DE LA LOIRE-INFÉRIEURE (*).

Au nombre des productions les plus importantes du département de la Loire-Inférieure, parmi les sources de richesses les plus fécondes, il est permis de signaler, en première ligne, les sels marins. Les marais salants fournissent, en effet, un puissant aliment au commerce, et des moyens d'existence à une population active et nombreuse. Enfin, la vente des sels permet de réaliser, chaque année, des sommes considérables, et qui doivent

(1) Rapport lu à la Société Académique de Nantes, dans sa séance du 4 mars 1840, au nom d'une commission, composée de M. Lorieux, rapporteur, de M. Villarsy et de M. Impost.

1

occuper, dans l'inventaire de nos richesses, une place distinguée.

C'est particulièrement dans la partie du département située entre la Vilaine et la Loire, que la population se livre à la production du sel marin. Dans cette portion de notre territoire, les marais salants se trouvent plus concentrés et plus nombreux que sur tout autre point de la France. Cependant, il existe aussi quelques salines, sur la rive gauche de la Loire, à Bourgneuf et dans les environs.

MARAIS SALANTS.

Un tableau, que nous devons à l'obligeance de M. le directeur des contributions directes, indique le nombre d'aires ou d'œillets de marais, situés dans les cantons du Croisic, de Guérande et de Bourgneuf, ainsi que la superficie qu'ils comprennent.

TABLEAU

Indiquant le nombre d'aires ou d'œillets de Marais salants qui existent dans le Département de la Loire-Inférieure, et la superficie qu'ils occupent, en y comprenant leurs dépendances.

NOMS des COMMUNES.	NOMBRE d'aires ou d'œillets	SUPERFICIE.			
	Œillets.	Hectares.	Ares.	Cent.	
Assérac.	1,935	196	35	40	
Batz.	5,962	413	92	15	
Le Croisic. . .	291	20	25	89	
Escoublac. . .	477	29	83	72	Œillets. 32,601
Guérande. . . .	18,256	1,155	80	»	
Mesquer. . . .	3,048	184	4	18	
Saint Molf. . .	2,210	115	2	74	
Saint-Nazaire. .	422	25	70	30	
	Aires.				
Bourgneuf. . . .	2,250	119	98	95	Aires. 3,000
Les Moustiers. .	750	32	70	95	
	35,601	2,293	64	28	35.601

On voit, par ce tableau, que, tandis que les communes dont se composent les cantons de Guérande et du Croisic renferment 32,601 œillets de marais salants, dans le canton de Bourgneuf, on ne compte que 3,000 aires.

Cette vaste étendue de terrain est entourée, de toutes parts, d'une ligne de douane ; il est défendu d'en extraire aucune quantité de sel, sans permis et sans déclaration Mais, dans l'intérieur de cette circonscription, que l'on appelle, en style de douane, le *grand marais*, les transports s'effectuent librement. Bien plus, par suite d'une tolérance devenue en quelque sorte légale, d'une tolérance qui dérive de la nature même des choses, le sel destiné à la consommation des habitants, ne supporte aucun droit. Dans l'intérieur de la ligne des douanes, on jouit encore du privilége de *franc salé*, qui s'étendait jadis à toute la Bretagne, et qui se trouve, aujourd'hui, restreint à une bien petite portion du territoire. La fraude étant extrêmement facile et la surveillance à peu près impossible, on a senti qu'il valait mieux accorder à cette partie de la population, du reste peu nombreuse, une complète immunité d'impôt, plutôt que de l'irriter par des rigueurs inutiles; plutôt que d'exciter, chaque jour, entre les habitants et les employés, de nouvelles collisions, et cela sans espoir d'en retirer, pour le trésor, un notable profit; sans espoir de parvenir jamais à réprimer complétement la contrebande.

PRODUCTION DU SEL.

Dans le département de la Loire-Inférieure, on récolte le sel dans de petits compartiments, en forme de parallélogrammes, où l'on introduit l'eau, afin de la faire évaporer. Ces compartiments, auxquels, dans les cantons du Croisic et de Guérande, on donne le nom d'*œillets*, reçoivent, à Bourgneuf, la dénomination

d'*aires*. Leurs dimensions varient suivant les localités;
les plus communes sont de 10 mètres de long sur 7
de large. Au Croisic et dans les environs, la superficie d'un œillet de marais, en y comprenant ses appartenances ou dépendances, comprend environ 6 ares;
tandis que l'aire de Bourgneuf n'en comporte que 4.
Afin de faciliter l'évaporation, on a soin de faire séjour-
ner l'eau de mer dans de vastes réservoirs, appelés
vasières; puis on la fait circuler, en petite quantité,
dans diverses pièces, appelées les appartenances de
l'œillet, et désignées sous les noms différents d'*adernes*,
de *phares* et de *cobiers*. On y maintient l'eau à 5 ou 6
centimètres de hauteur, de façon que, présentant à
l'action du soleil et des vents une grande surface, en
proportion de la profondeur, elle s'évapore plus aisément, et se trouve presque saturée, au moment où
on l'introduit dans l'œillet. La superficie que comprennent
les dépendances est très-variable, et, selon leur étendue, elles contribuent à donner aux œillets une valeur
plus ou moins considérable.

Dans le temps des plus fortes chaleurs, on recueille
le sel tous les deux jours; la récolte a lieu tous les
trois jours seulement, lorsque la saison devient moins
favorable. Le gros sel, désigné sous la dénomination
de sel gris ou noir, se précipite au fond de l'eau, et
séjournant quelque temps sur le sol avant qu'on le recueille, il en contracte souvent une teinte rouge ou grise,
qui tend à le déprécier dans le commerce (1). Le sel

---

(1) On peut remarquer, en passant, que souvent l'eau dont on

menu, au contraire, appelé aussi sel blanc, se forme à la surface de l'eau, où il surnage, sous l'apparence d'une glace mince et transparente. Déposé en petits tas, il prend aussitôt une teinte rose et exhale une odeur de violette assez prononcée.

Ce sel blanc appartient aux femmes, chargées de transporter le sel de l'œillet à la plate-forme où on le dépose en mulons, et que l'on appelle le *trémet*.

Le produit de la récolte du sel blanc est peu considérable, et s'emploie, presqu'en entier, pour la pêche de la sardine.

Quant au cultivateur, il reçoit, pour tout salaire, le quart de la récolte. A Bourgneuf, cependant, cette quotité est portée au tiers, mais aussi le propriétaire reçoit les deux tiers du sel blanc.

On donne aux cultivateurs de marais salants le nom de *paludiers* (1), la dénomination de *saulniers* (2) est réservée pour les habitants qui transportent le sel, à dos de mulets, dans l'intérieur des campagnes. Les uns et les autres descendent d'une colonie de Saxons qui, pendant le cours du IV.ᵉ siècle, vinrent s'établir dans

---

remplit les marais salants acquiert une teinte rouge-foncé. Au dire des naturalistes, on doit attribuer ce phénomène à la présence d'un grand nombre d'animalcules, qui viennent à périr lorsque l'eau est complétement saturée de sel, et dont l'écaille, ainsi que celle de tous les crustacés, prend aussitôt une couleur rouge.

(1) *Palus*, *paludis*, marais.
(2) *Sal*, *salis*, sel.

l'île de Batz, et auxquels Saint Félix administra le baptême, vers l'an 550 (1).

De tous les genres de revenus, le plus variable, certes, c'est celui que l'on retire des marais salants. Pour en donner une idée, et au lieu de nous livrer à des calculs hypothétiques sur le produit moyen d'un œillet de marais, nous avons préféré présenter un tableau indiquant, pour un certain nombre d'années et d'une façon exacte, la récolte de deux parties de marais salants, les uns réputés excellents, et les autres mauvais. Ce relevé nous a été fourni par un propriétaire qui tient ses livres avec exactitude.

(1) Travers, Histoire des Évêques de Nantes, t. 1, p. 70,

TABLEAU

Indiquant le produit de 14 œillets de marais salants, réputés très-bons, depuis 1820 jusqu'à 1840.

ANNÉES.	QUANTITÉ de sel récoltée. en muids et moëts (*)		en hectol.	PRIX du muid.	de l'hectolit.		PRODUIT BRUT. (**)		CONTRIBUTIONS. (***)		CHAUSSAGE et mises.		PRODUIT NET.		PAR OEILLET.	
1821	4	2	164	80	2	»	240	75	7	70	12	»	221	5	15	78
1822	4	9	178	92	2	30	305	50	7	70	3	50	295	30	21	9
1823	5	10	220	75	1	87	355	59	7	70	12	»	335	89	23	98
1824	4	19	198	82	2	5	300	10	7	70	3	50	288	90	20	63
1825	18	11	742	36	»	90	474	94	7	70	12	»	455	24	32	51
1826	13	8	536	30	»	75	282	»	7	70	3	50	270	80	19	28
1827	11	7	454	48	1	20	388	»	7	70	12	»	368	25	26	30
1828	»	»	»	»	»	»	réc. nulle		»	»	»	»	»	»	»	»
1829	2	10	100	45	1	12	66	58	7	70	12	»	46	88	3	34
1830	4	11	182	74	1	85	237	»	7	70	3	50	225	80	16	12
1831	3	»	120	55	1	25	119	16	7	70	12	»	99	46	7	10
1832	7	7	294	44	1	10	232	95	7	70	3	50	221	75	15	84
1833	10	5	410	27	»	67	193	73	7	70	12	»	174	3	12	43
1834	7	17	314	27	»	67	113	64	7	70	3	50	102	44	7	31
1835	14	3	566	29	»	70	283	91	7	70	12	»	264	21	18	87
1836	9	18	396	30	»	75	211	57	7	70	3	50	200	37	14	31
1837	5	1	202	40	1	»	142	80	7	70	12	»	123	10	8	79
1838	4	2	164	40	1	»	118	40	7	70	3	50	107	20	7	65
1839	4	18	196	40	1	»	141	»	7	70	53	40	80	10	5	71

(*) L'ancienne mesure, appelée muid, équivaut à 40 hectolitres. Le muid se divisait jadis en 20 moëts, et le moët en 10 quarteaux.

(**) Déduction faite cependant des frais de livrage et du quart du paludier.

(***) D'après le décret du 15 octobre 1810, les marais salants sont cotisés, au rôle de la contribution foncière, sur le pied des meilleures terres labourables.

TABLEAU

Indiquant le produit de 10 œillets de marais salants réputés très-médiocres. (*)

ANNÉES.	QUANTITÉ de sel récoltée.		PRIX				PRODUIT BRUT. (**)		CONTRIBUTIONS.		CHAUSSAGE ET MISES.		PRODUIT NET.		PAR ŒILLET.	
	en muids.	en hectol.	du muid.		de l'hectolit.											
1833	6	9	258	40	»	1	»	183	38	5	50	17	50	180	38	18	3
1834	5	11	222	32	»	»	80	112	96	5	50	2	50	104	96	10	49
1835	11	9	458	22	»	»	55	154	75	5	50	17	50	131	75	13	17
1836	4	10	180	20	»	»	50	54	»	5	50	9	50	39	»	3	90
1837	3	14	148	38	»	»	95	94	45	5	50	17	50	71	45	7	14
1838	2	»	80	32	»	»	80	48	75	5	50	12	»	31	25	3	12
1839	3	9	138	34	»	»	85	77	63	5	50	20	»	52	13	5	21
Total.	37	2	1484	216	»	5	45	725	92	38	50	96	50	610	92	61	6
Moyenne	5	6	217	30	85	»	78	103	70	5	50	13	78	87	27	8	70

(*) Ces marais ont été achetés en 1832 pour la somme de 2,790 f. 90 c., contrat en main.

(**) Déduction faite cependant des frais de livraison et du quart du paludier.

TABLEAU

Indiquant le prix des sels, depuis l'année 1820 jusqu'en 1839 (*).

ANNÉES.	PLUS HAUT.		PLUS BAS.	PRIX MOYEN.	ANNÉES.	PLUS HAUT.		PLUS BAS.	PRIX MOYEN.
1820	vieux	41	28	35	1830	vieux	66	40	53
	nouv.	28	»	28		nouv.	40	40	40
1821	vieux	72	44	58	1831	vieux	80	40	60
	nouv.	58	28	38		nouv.	60	30	45
1822	vieux	105	52	79	1832	vieux	74	52	63
	nouv.	60	44	52		nouv.	53	36	44
1823	vieux	130	77	104	1833	vieux	60	30	45
	nouv.	80	55	65		nouv.	45	28	38
1824	vieux	130	70	100	1834	vieux	42	30	36
	nouv.	90	58	74		nouv.	30	26	28
1825	vieux	125	74	99	1835	vieux	30	28	29
	nouv.	80	30	55		nouv.	20	22	21
1826	vieux	64	32	48	1836	vieux	30	27	28
	nouv.	40	20	30		vouv.	20	18	19
1827	vieux	48	29	39	1837	vieux	30	27	28
	nouv.	48	20	34		nouv.	20	20	20
1828	vieux	50	22	36	1838	vieux	40	30	35
	nouv. récolte nulle.					nouv.	36	20	29
1829	vieux	50	34	42	1839	vieux	56	40	48
	nouv.	55	40	47		nouv.	40	30	35

(*) Ce tableau, rédigé avec beaucoup de soin et d'exactitude, nous a été fourni par M. David de Drézigné, docteur-médecin au Croisic.

On voit, par ces tableaux, que la même saline qui, durant la première période, procurait au propriétaire un revenu net et annuel de plus de 20 francs par œillet, n'en rapporte aujourd'hui que 8 ou 10. On s'aperçoit, en même temps, que le prix des sels tend toujours à décroître, et que, tandis que, dans l'année 1824, il s'est élevé jusqu'à 130 fr. le muid (2 fr. 30 c. l'hectolitre), pendant les années qui viennent de s'écouler, la moyenne n'a pas dépassé 48 fr. (1 fr. 20 c. l'hectol). Ces faits sont dignes de remarque, et nous nous proposons d'y revenir; pour le moment, nous nous bornons à les constater.

Au surplus, il n'est point de denrée dont le prix soit plus variable que le sel marin. Toujours soumise à l'influence essentiellement incertaine de l'atmosphère, la récolte n'est jamais assurée. Tel œillet de marais qui, en 1825, avait produit 5 ou 6,000 kilogrammes de sel, n'en a pas fourni un seul grain, dans tout le cours de l'année 1828. Aussi, pendant les trente ans qui viennent de s'écouler, on a vu successivement la même mesure de sel, le muid ou les 40 hectolitres, se vendre 20 fr. et 150 fr.

Au reste, et pour le dire en passant, lorsque l'on tient compte du prix des sels, il est fort important de distinguer s'il s'agit de sel vieux ou de sel nouveau; car cette circonstance établit, dans la valeur vénale, une différence assez considérable.

Les sels provenant de nos marais salants ne se composent pas uniquement, en effet, de chlorure de sodium (ou muriate de soude). Ils contiennent en outre, et en assez grande quantité, des substances déliquescentes, telles que la magnésie, qui se dissolvent promptement. D'un autre côté, dans le département de la Loire-Inférieure, on ne ramasse point les sels en magasin, à l'abri de l'intempérie des saisons. On se borne à les entasser en mulons de forme conique, sur le lieu même de production, en les recouvrant d'une légère couche de terre glaise. Cette terre, fort compacte, se laisse cependant pénétrer à la longue; de sorte que, dans les années pluvieuses, les sels de nos marais subissent un déchet que l'on estime parfois, pour le premier hiver qui suit la récolte, jusqu'à un cinquième. La proportion diminue, dans les années suivantes; mais de nouveaux déchets continuent de s'opérer, et souvent, lorsque l'on expédie des sels amoncelés depuis longues années, on trouve une diminution d'un tiers.

On conçoit, d'après cela, que les sels vieux doivent être plus chers et plus recherchés que les sels nouveaux, puisque, dépouillés des substances déliquescentes qu'ils renfermaient d'abord, ceux-là éprouvent moins de déchet dans le transport. Au Croisic et au Pouliguen, la différence est assez ordinairement de 10 fr. par muid (40 hectolitres).

A Mesquer, au contraire, du moins dans certains cantons, la proportion est en sens inverse, et le sel nouveau se vend toujours beaucoup plus cher que le sel vieux. Ce fait, assez bizarre en apparence, demande quelques explications. Cependant, pour le faire comprendre, il suffit de rappeler que, tandis que le sel se vend à la mesure, l'impôt se perçoit au poids. Le com-

merçant trouve donc un immense avantage à acheter des
sels légers, puisqu'il peut livrer au consommateur la même
quantité de marchandises, en payant un droit bien moins
considérable. Or, telle est précisément la qualité du sel
de Mesquer, lorsqu'il est nouveau. Tandis que l'on estime communément de 80 à 90 k. le poids d'un hectolitre
de sel, provenant du Croisic ou du Pouliguen ; certains
sels de Mesquer n'en pèsent que 62 ou 72. De sorte
que la même mesure qui, dans les premiers ports que
nous avons indiqués, supporte une taxe de 27 fr., ne
doit acquitter, à Mesquer, qu'un droit de 21 fr. Aussi,
les sels légers de Mesquer obtiennent une grande vogue
dans le commerce; et, tandis qu'au Croisic et au Pouliguen les sels nouveaux se vendaient, au mois de
décembre dernier, au prix de 45 fr. le muid (40 hectolitres), à Mesquer, ils en valaient 100. Et cependant, le sel de Mesquer n'est pas de meilleure qualité,
il est, au contraire, plus déliquescent et plus léger, de
sorte que d'un côté, il supporte, dans le transport, un
déchet plus considérable, et que de l'autre, sous le même
volume, il comprend moins de substance. Mais c'est
encore là une des conséquences fâcheuses de l'énormité
des taxes, c'est-à-dire de bouleverser les relations com-
merciales, et de donner du prix à des denrées de mauvaise qualité.

Au reste, lorsqu'il a séjourné quelque temps sur le
marais, le sel de Mesquer perd cette légèreté précieuse
qui lui donne tant d'avantage dans le commerce, et
voilà pourquoi, à mesure qu'il vieillit, il est moins
recherché.

USINE DU POULIGUEN.

Pendant bien des siècles, on s'est borné, dans le département de la Loire-Inférieure, à recueillir le sel marin, tel que l'a formé l'influence du soleil, en le livrant au commerce et à la consommation, sans lui faire subir aucun changement, aucune préparation. Mais, depuis un certain nombre d'années, MM. Levesque et Benoît ont créé, au Pouliguen, une nouvelle industrie. Lorsqu'on le retire du marais, le gros sel, en effet, présente presque toujours à l'œil une couleur grisâtre; et cette teinte se rembrunit nécessairement, tandis que le sel séjourne en monceaux, car la terre glaise dont on le couvre se détrempe à la longue, et finit par pénétrer dans l'intérieur du mulon. Aussi, dans les grandes villes, et particulièrement dans l'intérieur de la France, on a contracté l'habitude, avant de livrer le gros sel à la consommation, de lui faire subir une espèce de raffinage. Depuis long-temps, divers établissements destinés à ce genre de préparation, existaient à Dinan, à Rennes, et surtout à Rouen. Cette dernière ville fournissait à l'approvisionnement de Paris. Mais les sels soumis au raffinage, dans les fabriques de l'intérieur, se trouvent déjà grevés de frais considérables Toutes les parties qui se perdent, par suite de l'opération, ont acquitté des droits énormes, et un fret plus ou moins élevé.

Il existe donc un avantage évident à opérer sur le marais même, dans le rayon de la douane, avant de payer les droits. Telle est la donnée certaine sur laquelle

MM. Levesque et Benoît ont basé leur calcul, et les résultats ont justifié leurs prévisions. Déjà, l'existence de leur établissement, créé sous l'empire de conditions plus avantageuses, a obligé de fermer plusieurs usines de l'intérieur. Quelques-unes s'obstinent encore à lutter contre une concurrence ruineuse; mais il est impossible qu'elles puissent long-temps la soutenir; il est évident qu'elles sont condamnées à succomber tôt ou tard. Car, malgré les pétitions énergiques dont les raffineurs de l'intérieur ont assailli les Chambres, il n'est pas permis de supposer que, pour les favoriser, et afin de rétablir l'équilibre, le Gouvernement soit disposé à frapper l'usine du Pouliguen de droits exceptionnels.

Ainsi, MM. Levesque et Benoît ont doté notre département d'un établissement utile; d'un établissement qui, de plus en plus, contribue à attirer le commerce dans le port du Pouliguen, et dont les heureux résultats se font journellement sentir. Jadis, en effet, le prix des sels se maintenait toujours, au Croisic, à un taux plus élevé; depuis que MM. Levesque et Benoît sont venus s'établir au Pouliguen, le rapport a changé.

MM. Levesque et Benoît se livrent à une double opération : le lavage des sels et le raffinage. Le lavage s'opère dans des tonneaux; et consiste à enlever les parties terreuses que contiennent les sels, sans les dissoudre entièrement. On se borne à les broyer et à les laver. Cette opération occasionne un déchet d'environ 1/10e.

Quant au raffinage, il s'opère dans des chaudières, où l'on introduit de l'eau saturée, et où le sel se forme ensuite lentement par l'action du feu, au moyen de l'évaporation. Par suite de cette opération, le déchet est d'environ 14 %. Les avantages qu'assure à MM. Levesque et Benoît la position de leur usine, comparée avec celles de l'intérieur, sont donc faciles à établir.

Un négociant de Rouen achète au Pouliguen 3,000 kil. de sel, au prix moyen de. . . . . 40 fr.

Il paie pour fret et pour commission. . . . 30

Pour le droit 855

Total . . . . . 925 fr.

Par suite du raffinage, il éprouve une perte de . . . . 14 %,
de sorte qu'après l'opération il ne retrouve plus que. . . . . 2,580 kil. qui lui coûtent. . . . . 925 fr.

MM. Levesque et Benoît, au contraire, achètent 3,000 kil. de sel au prix de. . . . . . . 40 fr.

Pa suite du raffinage, ils éprouvent une perte de. . . . . 14 %

De sorte qu'il ne leur reste plus que. . . . . 2,580 kil.

Ils paient pour fret et pour commission. 25 fr. 80 c.

Pour droit. 735 46

Total. . . . . 801 fr. 26 c.

De sorte que les 2,580 kilogrammes de sel raffiné qui, pour le fabricant de Rouen, représentent une valeur de. . . . . 925 fr.

Ne coûtent à MM. Levesque et Benoît que . . . . 801 fr. 26 c.

Différence. . . . . 123 fr. 74 c.

En supposant qu'en apportant plus de soin au raffinage, et en employant des procédés perfectionnés, les raffineurs de Rouen parviennent à réduire le déchet de 14 à 10 %, il en résultera toujours que, pour eux, cette perte de 10 % porte sur un capital de 925 fr., tandis que, pour MM. Levesque et Benoit, il s'agit d'un capital de 40 fr. De sorte que la même opération qui, pour l'un, occasionne une perte de 92 fr. 50 c., n'en impose à l'autre qu'une diminution infiniment faible de 4 fr. Il est donc évident que, de la part des fabricants de l'intérieur, la concurrence est impossible. Aussi, n'est-ce pas elle qui, jusqu'à ce jour, met obstacle à ce que l'établissement de MM. Levesque et Benoit acquière tout le développement dont il est susceptible.

Dans l'état actuel des choses, MM. Levesque et Benoit emploient, dans leur usine, tant pour la préparation des sels que pour l'entretien des ustensiles nécessaires à la fabrication, environ 70 hommes. Leur usine comprend, en outre, des ateliers de lavage et de vastes magasins destinés à contenir les sels, trois chaudières de 13 mètres 33 centimètres de longueur sur 4 mètres de largeur et 810 millimètres de profondeur. Chacune de ces chaudières pourrait fournir aisément, chaque année, douze cent mille kilogrammes de sel raffiné; mais, le plus ordinairement, on ne fait agir qu'une seule chaudière, et encore le travail est suspendu pendant la mauvaise saison, les expéditions de MM. Levesque et Benoît ne s'étant pas élevées, jusqu'à ce moment, à plus d'un million de kilogrammes.

Deux causes qu'il est permis de considérer comme

temporaires, s'opposent encore à un grand accroissement dans la fabrication ; d'une part, en effet, méconnaissant le véritable état des choses, quelques fabricants de l'intérieur s'obstinent à lutter contre une concurrence qu'il leur est impossible de soutenir ; et, d'un autre côté, par suite d'une faveur injuste, illégale, accordée aux sels provenant des sources salées des Basses-Pyrénées, et des salines ignigènes de la Manche, leurs produits s'introduisent journellement sur des marchés, où les sels de MM. Levesque et Benoit devraient obtenir une préférence exclusive. C'est ainsi que, grâce à une remise exagérée pour déchet présumé, les sels de Briscous se vendent, dans nos ports, au-dessous du prix du droit; et, tandis que, dans les salines ignigènes de la Manche, on vend, pris en magasin, des sels de qualité inférieure, au prix de 10 fr. le quintal métrique, MM. Levesque et Benoit livrent au commerce leur sel raffiné au prix de 6 fr., y compris les frais d'expédition. Mais un état de choses aussi illégal, aussi injuste ne saurait long-temps subsister, et tout annonce que le Gouvernement songe enfin aux moyens de le faire cesser.

DE LA TROQUE ET DES SALAIRES.

Nous avons fait connaître le produit que retire le propriétaire d'un œillet de marais salants.

Quant au cultivateur, son salaire se compose du quart de la récolte, et l'on estime qu'un paludier ne peut cultiver plus de soixante œillets de marais. D'après les bases que nous avons établies, ce serait un produit annuel l'environ 150 francs, en supposant même une récolte

abondante ; car, pendant les années qui viennent de s'é-
couler, la part affectée au paludier est demeurée bien
au-dessous de cette somme. Ce produit serait évidemment
insuffisant, pour faire vivre toute une famille ; mais,
assez ordinairement, un paludier n'est pas seul. Des fils
ou des aides l'assistent dans ses travaux, et alors il
peut aisément cultiver un plus grand nombre d'œillets.
Sa femme, ses filles travaillent en qualité de porteuses,
et, à ce titre, elles reçoivent pour salaire le sel menu,
le sel blanc, dont on peut évaluer le produit à 1 fr. 50 c.
par œillet.

D'un autre côté, chaque paludier possède deux ou
trois chevaux, ou plutôt des mules et des mulets, dont
le pied sûr et la sobriété conviennent mieux au milieu
des marais salants, et qu'il emploie, moyennant
salaire, au transport des sels, au moment où le propriétaire les livre au commerçant. Pendant l'hiver, les paludiers se livrent au commerce des sels, en les transportant
dans nos campagnes avec des charrettes ou à dos de
mulets (1). C'est encore le cultivateur qui opère, aux
frais du propriétaire, les réparations qualifiées de mises

---

(1) Ce commerce est plus important qu'on ne serait tenté de le
supposer au premier aperçu. Voici l'état des quantités de sel ainsi
expédiées, pendant les trois dernières années, dans les cantons de
Guerande et du Croisic :

     1837. — 4,886,421 kilogrammes.
     1838. — 4,866,359.
     1839. — 4,323,806 (*).

(*) Qui ont produit au trésor, pour le montant de l'impôt,
1,238,408 fr.

ordinaires ou extraordinaires, et qui s'effectuent au moins tous les deux ans. On doit ajouter que chaque paludier cultive, en grain ou en légumes, quelques cantons de terre.

Enfin, une dernière ressource, temporaire peut-être, mais encore existante, et dont il convient de faire état, c'est le commerce de la *troque*; c'est-à-dire la faculté accordée à chaque paludier de *troquer*, d'échanger, en franchise du droit, une certaine quantité de sel, à la charge de rapporter, dans sa commune, une quantité de grain équivalente.

Les rois de France avaient accordé, jadis, en ce qui concerne le commerce des sels, aux sauniers des cantons du Croisic et de Batz, certains priviléges qu'il serait inutile d'énumérer aujourd'hui, mais qui sont constatés par des lettres-patentes, en date du 12 janvier 1644. Grâce à ce privilége, les paludiers transportaient à dos de mulets, dans toute la Bretagne, de grandes quantités de sel, se livrant ainsi à un commerce fort important. Mais, après l'établissement de l'impôt du sel, en 1806, il fallut y renoncer. Les lois de la révolution avaient aboli toutes les franchises, tous les priviléges; et l'énormité du droit, les formes rigoureusement adoptées afin d'en assurer la perception; l'exigence d'acquits à caution, ne permettaient plus aux malheureux sauniers de s'adonner à ce genre de commerce; de sorte que, pendant quelques années, cette branche d'industrie fut à peu près anéantie. Les sauniers les plus riches, seulement, ceux qui, par leur aisance, pouvaient offrir à la douane certaines garanties, continuèrent encore à s'y livrer. Eux seuls purent profiter de la disposition introduite en leur faveur par l'art. 14 du règlement, en date du 11 juin 1806.

Cependant, en 1814, lorsque, modifiant la législation sur les sels, on réduisit de 4 à 3 décimes par kilogramme le tarif de l'impôt, on reconnut que la position fâcheuse où se trouvaient réduits les cultivateurs de marais salants demandait quelque faveur. En conséquence, on introduisit dans la loi du 17 décembre 1814 une disposition spéciale et d'un avantage évident. En effet, tandis que, d'après les règles ordinaires relatives au commerce du sel, on accorde seulement, pour déchet présumé, une remise de 5 % sur le montant du droit; aux termes de l'art. 26 de la loi, cette remise fut portée, en faveur des sauniers et paludiers se livrant à la *troque*, à 15 %. Ce fut là, sans doute, et vu surtout l'énormité du droit, ce fut là, disons-nous, une insigne faveur, et quelques sauniers exploitant en grand le commerce de transport par terre, ne tardèrent pas à réaliser d'assez beaux bénéfices. Mais, d'un autre côté, les commerçants réclamèrent; ils signalèrent à l'administration des douanes la perte qui devait résulter, pour le trésor, de cet ordre de choses, en même temps qu'eux-mêmes se voyaient menacés d'une concurrence ruineuse. On n'arrivait point, d'ailleurs, au but que l'on se proposait d'atteindre; à la vérité, les riches sauniers, ceux qui possédaient un certain nombre de mulets, augmentaient leur aisance; mais le pauvre, mais celui qui, réduit au strict nécessaire, ne pouvait entretenir quelques bêtes de somme, celui-là se trouvait exclu du bénéfice de la loi

Sa misère, que l'on avait prétendu soulager, le mettait précisément hors d'état d'en profiter. On en eut la preuve, en 1816 et en 1817. Pendant ces années désastreuses, où la disette fut extrême, les souffrances des habitants de Batz devinrent affreuses. Obligée de se nourrir d'aliments malsains, la plus grande partie de la population se vit réduite à la dernière détresse; plusieurs paludiers périrent d'inanition. Ce fut dans ces circontances qu'intervint, sur la demande de M. le comte Donatien de Sesmaisons, dont le nom et le souvenir seront toujours chers parmi les paludiers; ce fut alors qu'intervint, disons-nous, l'ordonnance du 30 avril 1817 qui, modifiant les dispositions de la loi concernant la *troque*, accorda à chaque paludier, tant pour lui que pour sa femme et pour ses enfants de tout âge et de tout sexe, la faculté d'exporter, en franchise du droit et par tête, 100 kilogrammes de sel. C'est une remise d'environ 30 francs, pour chaque individu ; de sorte que, dans les familles nombreuses, et telles sont en général les familles de paludiers, où l'on compte parfois jusqu'à sept ou huit enfants; c'est une somme importante. Mais, comme cette remise a surtout pour objet d'assurer la subsistance des cultivateurs de marais salants, tout en leur accordant la faculté d'exporter en franchise, hors de leur territoire, une certaine quantité de sel, on les oblige à rapporter en échange, dans leur commune, une quantité de grains équivalente, et dont la quotité est inscrite sur un livret.

Ce bienfait demandait à être ménagé ; mais, par un excès de bienveillance malentendue, par un zèle exagéré, puisqu'il s'exerçait au préjudice du trésor, durant quelques années, l'on donna au privilége de la *troque*, une extension illégale, et l'on admit à y prendre part une multitude d'individus qui ne pouvaient y prétendre à aucun titre, pas même par droit d'indigence. Aussi, cet abus éveilla bientôt l'attention de l'Autorité supérieure ; elle finit par ouvrir les yeux, et, par suite, le privilége de la troque fut excessivement restreint (*). Enfin, l'immunité accordée aux paludiers des cantons de Batz, du Croisic et de Guerande, ne pouvait manquer d'exciter la jalousie des autres cultivateurs de marais salants. Des réclamations nombreuses se sont élevées à ce sujet, dans plusieurs départements, et de la part des populations elles-mêmes, et de la part des députés chargés de les représenter. Il y a donc lieu de craindre que, pour les paludiers, la *troque* ne soit qu'une ressource temporaire. Déjà, lors de la discussion de la loi sur les sels, adoptée par la chambre des députés, dans la session de 1838, l'on introduisit, dans le projet présenté par le ministère, un article portant que le privilége de la *troque* expirerait au bout de dix ans ; et tout porte à croire que, dans la loi qui se prépare, l'on introduira une disposition semblable, ou plus fâcheuse encore (**). Cependant, les paludiers jouissent en-

---

(*) V. les ordonnances du Roi en date du 20 juin 1834 et du 17 juillet 1837.

(**) Cette disposition se trouve en effet reproduite dans le projet de loi sur les sels, présenté à la Chambre des députés, le 12 mars.

core du bénéfice de la *troque*, et probablement ils continueront d'en jouir pendant quelques années. Depuis 1816, ce privilége a contribué puissamment à procurer à une population aussi nombreuse qu'intéressante, des moyens d'existence, et dès lors, nous n'avons pu nous dispenser d'en faire état, en présentant ici un aperçu de ses ressources.

D'après les états dressés par l'administration, pendant le cours de l'année 1839, le nombre des individus ayant droit au privilége de la *troque* s'élève aujourd'hui à 5,881. En conséquence, on leur délivre 588,400 kilogrammes de sel. En 1834, l'on en accordait encore 757,500, qui se partageaient entre 7,575 individus (*). En 1837, il a été expédié pour

la troque.	409,810 kilo. m. de sel.
1838	—	709,151
1839	—	560,181 (**).

(*) Ordonnance du Roi, en date du 20 juin 1834.

(**) Les expéditions ont lieu dans les mois d'hiver, du mois de novembre au mois de mars, de sorte que les quantités de sel expédiées chaque année ne cadrent pas toujours avec les états dressés à l'avance.

ETAT des individus ayant droit au privilége de la troque dans le département de la Loire-Inférieure, pendant l'année 1840.

NOM des COMMUNES.	NOMBRE des INDIVIDUS.	QUANTITÉ de sel accordée.	MONTANT de la REMISE.	
		kilo	fr.	c.
Le Croisic. . . .	23	2,300	632	50
Escoublac. . . .	61	6,100	1,677	50
Saint-Nazaire. .	66	6,600	1,815	»
Assérac.	447	44,700	12,292	50
Mesquer.	464	46,400	12,760	»
Saint-Molf. . . .	461	46,100	12,677	50
Batz.	2,059	205,900	56,622	50
Guerande. . . .	2,300	230,000	63,250	»
Total.	5,881	588,100	161,727	50

Si cet état était exact, il nous fournirait le moyen de connaître d'une manière certaine, quel est le chiffre de la population se livrant à la culture des marais salants, ou vivant de leur produit. Mais aujourd'hui ; pour qu'un paludier soit admis au privilége de la troque, il faut qu'il cultive au moins 20 œillets de marais. Il en est de même à l'égard des porteuses. Enfin, les enfants âgés de plus de seize ans, et demeurant avec leur père, ne peuvent plus y prétendre. Ainsi, le tableau dressé par l'administration, pour le privilége de la troque, n'indique plus aujourd'hui le total de la population paludière ; le chiffre est évidemment trop faible ; les listes dressées en 1834, et d'après lesquelles 7,575 individus prenaient part à la troque, semblent approcher davantage de la vérité.

EXPÉDITION DES SELS.

Nous avons dit que le commerce et la production du sel, dans le département de la Loire-Inférieure, étaient dignes de fixer l'attention, afin d'en donner une idée, nous joignons ici divers tableaux destinés à faire connaître les quantités de sels expédiées des différents bureaux qui existent dans le département.

TABLEAU

Indiquant la quantité de sel expédiée chaque année du port du Croisic.

ANNÉES	NAVIRES		TOTAL.	QUANTITÉ DE SEL.
	français.	étrangers.		
1827	1,069	54	1,123	20,804,981 kilo.
1828	933	52	985	21,112,059
1829	1,111	40	1,151	24,840,103
1830	1,027	45	1,072	27,069,638
1831	1,034	44	1,078	23,362,633
1832	889	75	964	26,968,934
1833	889	64	953	18,577,752
1834	911	62	973	25,496,876
1835	972	63	1,035	24,146,310
1836	838	47	885	20,696,035
1837	933	58	991	29,671,306
1838	1,051	32	1,083	27,297,790
1839	1,045	34	1,079	33,249,453
Total.	12,702	670	13,372	323,293,870 kilo
Moyenne	977	51	1,028	24,868,757 (*).

(*) C'est-à-dire 24,868 tonneaux.

DIRECTION DE NANTES.

ÉTAT des quantités de sel mises à la consommation dans les bureaux de la Principalité de Guerande., ou expédiées de ces mêmes bureaux aux destinations ci-après, pendant les années 1837, 1838 et 1839.

BUREAUX.	ANNÉES.	NOMBRE de navires.	QUANTITÉS DE SEL						TOTAUX.		MOYENNE par année.
			mises à la consommation par terre.	expédiées par cabotage.	expédiées pour l'étranger.	expédiées pour la grande pêche.	expédiées pour la petite pêche.	expédiées pour la troque.			
									kil.	kil.	kil.
Guerande	1837	»	1,777,458	»	»	»	»	169,888	1,947.326		
	1838	»	1,655,510	»	»	»	»	517,671	1,952,981	5,825,755	1,941,245
	1839	»	1,668,607	»	»	»	»	254,821	1,925,428		
Pouliguen	1837	556	808.255	12,906,065	»	»	259,775	140,952	14,115,041		
	1838	598	820,796	10,798,692	»	»	431,181	190,900	12,241,569	40,251,976	15,417,325
	1839	400	1,155,003	12,500,747	»	»	538,113	598,505	15,895,366		
Portnichet	1837	»	134,744	»	»	»	»	300	152,044		
	1838	»	109,685	120,517	»	»	»	6,600	256,802	502,094	167,564
	1839	»	95,899	26,549	»	»	»	12,800	155,248		
Croisic	1837	991	1,219	21,255,819	5,129,025	2,458,128	864,208	1,200	29,687,590		
	1838	1085	741	17,650,105	8,654,421	2,615,268	1,185,846	1,800	30,826,440	92,897,287	30,985,762
	1839	1079	1,727	24,189,147	5,954,000	4,180,561	944,504	5,000	35,252,559		
Careil	1837	»	514,999	»	»	»	»	25,022	358,021		
	1838	»	275,573	»	»	»	»	54,681	329,654	1,045,717	348,572
	1839	»	534,255	»	»	»	»	43,789	378,042		
La Turballe	1837	»	15,082	»	»	»	»	»	15.082		
	1838	»	15,269	»	»	»	3,454	»	18,725	51,665	17,221
	1839	»	14,990	»	»	»	4,870	»	19,860		
Mesquer	1837	244	62,542	10,995,812	»	»	»	2,557	11,058,711		
	1838	179	35,251	8,404,180	»	»	»	56,419	8,495,850	25,665,743	8,551,247
	1839	119	48,564	5,967,065	»	»	»	75,555	6,111,182		
Pont-d'Armes	1837	»	1,564,525	»	»	»	»	71,900	1,436,425		
	1838	»	1,266,583	»	»	»	»	81,680	1,548,263	5,987,482	1,529,160
	1839	»	1,029,657	»	»	»	»	173,157	1,202,794		
Total général.									170,352,722	170,352,722	56,784,240
Principalité de Bourgneuf.											
Bourgueuf	1837	46	559,666	1,440,681	»	»	»	»	1,780,347		
	1838	57	527,207	2,964,832	»	»	»	»	3,292,059	7,177,593	2,592,464
	1839	57	327,267	1,777,740	»	»	»	»	2,105,007		
Les Moutiers	1837	»	156.395	»	»	»	»	»	»		
	1838	»	144,888	»	»	»	»	»	»	426,165	142,154
	1839	»	144,880	»	»	»	»	»	»		
Total.										7,605,556	2,530,618

RÉSUMÉ DU TABLEAU PRÉCÉDENT.

Années.	Guérande.	Pouliguen.	Portnichet.	Croisic.	Careil.	La Turballe	Mesquer.	Pont-d'Armes	Bourgneuf.	Les Moutiers.	Totaux.
—	—	—	—	—	—	—	—	—	—	—	—
1857	1,947,526	14,115,041	152,044	29,558,567	558,021	15,082	11,058,711	1,436,425	1,780,577	156,395	60,515,959
1858	1,352,981	12,241,569	256,802	30,086,181	529,654	18,725	3,493,850	1,548,265	5,292,059	144,888	58,144,950
1859	1,495,428	15,895,566	155,248	33,252,559	578,042	19,860	6,111,182	1,202,794	2,105,007	144,880	59,166,256

Ainsi, la quantité de sel expédiée du département de la Loire-Inférieure, s'élève annuellement à la quantité de 56 millions de kilo. On estime qu'il se vend annuellement, sur les marais salants, environ 340 millions de kilogrammes de sel, notre département en fournit plus du sixième (*). Si l'on estime à 40 fr. la valeur du muid de sel (40 hectolitres); et si l'on se rappelle d'un autre côté que les frais d'expédition et de commission s'élèvent à 12 fr. environ pour 3,000 kilogrammes, l'on reconnaîtra que la production et l'expédition du sel procurent annuellement dans la Loire-Inférieure une somme d'environ 970,000 fr.

On remarquera, sans doute, que dans ces tableaux nous n'avons tenu compte que des sels expédiés des marais; des sels livrés au commerce ou à la consommation, et pour connaître au juste la production, il faudrait ajouter au chiffre que nous avons exprimé, la quotité du déchet, c'est-à-dire du sel qui se dissout sur le marais même, avant l'expédition, et dont la quantité, ainsi que nous l'avons dit, est parfois très-considérable ; surtout lorsque les sels ont séjourné long-temps sur les marais. Mais, comme il s'expédie chaque année des sels vieux et des sels nouveaux ; des sels de qualité différente et ayant supporté, par conséquent, un déchet inégal, il serait fort difficile d'apprécier quel

---

(*) En 1835, la production totale de la France s'est élevée à 403,290,000 kilogrammes ; dans la même année, les marais salants en ont produit 358,307,000 kilogrammes.

est le rapport à établir entre les quantités livrées au commerce et la production. Nous avons considéré, au surplus, que ce qu'il importe de connaître, ce n'est pas précisément la quantité de sel produite, mais celle qui est livrée au commerce, celle qui, convertie en numéraire, peut être réellement considérée comme faisant partie de la richesse nationale.

D'un autre côté, le mode de calcul que nous avons adopté, est le seul qui puisse conduire à des résultats certains. Tous les chiffres que nous présentons sont officiels. Ils nous ont été fournis par M. le Directeur des Douanes, avec une bienveillance dont nous ne saurions nous montrer assez reconnaissants. A diverses reprises, l'on a essayé d'estimer à priori la production des marais salants, et l'on n'a pu y parvenir. Les chiffres que nous donnons, ont du moins cet avantage qu'ils expriment des quantités précises, incontestables. Cependant, il convient d'observer que, pour arriver à une exactitude parfaite, il faudrait tenir compte : 1.º de la consommation locale qui a lieu en franchise du droit; 2.º de la fraude qui, en cette matière, et vu l'énormité du droit, est toujours assez active.

L'impôt, en effet, est hors de proportion avec le prix vénal de la denrée ; et tandis que très-souvent le quintal métrique de sel marin vaut à peine 1 fr., la même quantité est frappée d'un droit exorbitant de 30 fr.

CONCLUSION.

D'après cet exposé, il est aisé de se convaincre, à

quel point sont importants, pour le département de la Loire-Inférieure, le commerce et la production du sel. Aucun autre genre de culture ne procure, dans une espace de terrain également borné, des produits aussi abondants et d'une aussi grande valeur.

Malheureusement, cette source de richesses ne suit pas le mouvement progressif que l'on remarque dans les autres branches de production. Par sa nature, elle doit demeurer stationnaire, et l'on pourrait même ajouter que, depuis quelques années, elle a sensiblement diminué.

Déjà nous avons fait remarquer combien le produit des marais salants était précaire, et à quel point la dépréciation s'était fait sentir depuis quelques années sur le prix des sels.

Cette diminution dans les revenus, a dû nécessairement réagir sur le capital. Dans le fait, la valeur vénale des marais salants a beaucoup diminué depuis quelques années. Telle saline qui valait 300 fr. l'œillet, en 1833, en vaut à peine aujourd'hui 250, ou plutôt, l'on pourrait dire que, dans ce moment, les marais salants n'ont aucune valeur. Il en existe en vente un trèsgrand nombre, et à peine s'il se présente quelques acheteurs. Un fait aussi étrange est de nature à fixer l'attention, et nous avons dû en rechercher la cause. Il est extraordinaire, en effet, que, tandis que le prix vénal de toutes les propriétés immobilières augmente rapidement, les marais salants seuls éprouvent une dépréciation assez notable.

Les causes sont de diverse nature. Les unes sont générales, et agissent sur tout le département de la

Loire-Inférieure. Il en est d'autres plus spéciales, et dont l'influence ne se fait sentir que dans certaines localités. Au nombre de celles-ci, nous devons compter les circonstances qui ont complétement anéanti les marais salants situés à Portnichet, commune de Saint-Nazaire. On pourrait y citer cette saline achetée au prix de 210 fr. l'œillet en 1812, et revendu pour 160 fr. en 1831, que l'on offre aujourd'hui à 50 fr. sans trouver d'acheteur.

Portnichet se trouvant situé non loin de l'embouchure de la rivière; durant la guerre, les sels provenant de ses marais salants étaient fort recherchés. Malgré le blocus si rigoureusement établi par les croisières anglaises, de petites barques longeant la côte, parvenaient aisément pendant la nuit, à gagner l'entrée de la Loire. Mais, depuis la paix, les mêmes motifs ne subsistant plus, les sels de Portnichet ont été complétement délaissés. Sur cette côte, il n'existe point de port d'embarquement, mais seulement une espèce de rade, exposée à tous les vents, et, par suite, extrêmement dangereuse; de sorte qu'en général, les capitaines de barque refusent d'y aller prendre charge. D'un autre côté, la terre glaise que l'on emploie pour couvrir les mulons de sel, contenant de l'oxide de fer en assez grande quantité, le sel contracte promptement une teinte rougeâtre, qui le fait repousser du commerce. En conséquence, depuis la paix, les ventes se sont toujours opérées fort difficilement à Portnichet. Souvent, à l'exception de quelques petites quantités expédiées par terre, les propriétaires ont été obligés de conserver leurs récoltes pendant six ou sept ans. Cependant, durant les années qui viennent de s'écouler, MM. Levesque et Benoit, propriétaires de la raffinerie de sel établie au Pouliguen, avaient trouvé quelque avantage à enlever les sels de Portnichet. Placés à une petite distance, ils pouvaient profiter d'une belle journée, d'un temps calme et serein, pour effectuer, sans danger, leurs transports par mer; et, d'un autre côté, si les frais étaient plus considérables, et les sels de qualité inférieure, cette circonstance devenait indifférente, en quelque sorte, puisque d'une part, MM. Levesque et Benoit employant les sels au raffinage, s'inquiétaient peu de la couleur; et que de l'autre, l'augmentation de dépense se trouvait compensée par le bas prix des sels qui se vendaient communément à 15 ou 20 francs au-dessous du cours. Mais depuis quelque temps, et par suite d'un retour subit aux principes rigoureux adoptés en matière de douanes, ce débouché est interdit aux propriétaires des marais salants situés à Portnichet. L'administration ne permet pas d'expédier des sels d'un marais à un autre marais; de sorte qu'il ne reste d'autre ressource, aux propriétaires, que quelques expéditions par terre, nécessairement fort bornées; et, avant peu d'années, les salines de Portnichet se composant de 422 œillets seront complétement abandonnées. C'est une valeur considérable anéantie, et quinze ou vingt familles privées de travail. Il semble cependant qu'il serait facile de trouver un moyen de les préserver de leur ruine, tout en mettant obstacle à la fraude.

Une dernière cause dont les funestes effets se font

également sentir et à Portnichet et à Bourgneuf, c'est l'encombrement des canaux d'alimentation. Des sables amoncelés par la mer, en obstruent l'entrée; de sorte que parfois les marais salants se trouvent privés d'eau. Quelques milliers de francs suffiraient pour faire disparaître cet obstacle; jusqu'à ce moment, l'Administration qui préside aux travaux publics, n'a pas jugé convenable de les accorder.

Quant aux marais salants du Croisic et de Guerande, diverses causes ont amené le fâcheux résultat que nous avons signalé; et, tout d'abord, il convient de faire remarquer que la production du sel ne ressemble en rien à celle des céréales. Il est permis à l'industrie humaine d'améliorer la culture des terres labourables, et d'en multiplier les produits. Des instruments aratoires perfectionnés, un système d'assolement mieux entendu, la découverte d'un nouvel engrais, procurent le moyen de décupler les récoltes. Mais, en ce qui concerne la production du sel, le travail de l'homme entre pour bien peu de chose; et ici, beaucoup plus que pour tout autre genre de production, le cultivateur subit l'influence variable de l'atmosphère, et du cours toujours changeant des saisons.

C'est l'action vivifiante du soleil, c'est le souffle de certains vents qui, excitant l'évaporation, font crystalliser et précipiter les sels marins que l'eau de mer tient en dissolution. Or, sous le ciel humide et froid de la Bretagne, dans un climat essentiellement variable, où souvent les printemps sont orageux et les étés pluvieux, la production est fort incertaine; car il n'appartient pas

au cultivateur d'ordonner au soleil de luire et aux vents
de souffler. Ainsi, par la force même des choses, la
production des marais salants est condamnée à demeurer stationnaire.

D'un autre côté, encore bien que la consommation des
sels tende à s'accroître, dans la même proportion que
la population, néanmoins, dans nos contrées, et depuis
un siècle et demi, le prix des sels n'a pas augmenté.
Depuis cette époque, en effet, partout, en Europe, on
a découvert des mines de sel gemme fort abondantes,
ou des sources salées intarissables, de sorte que leurs
produits, se répandant sur tous les marchés, en concurrence avec les nôtres, contribuent singulièrement à
en faire baisser le prix. Les peuples du Nord, et principalement les Hollandais et les Prussiens qui, jadis,
venaient en grand nombre dans le port du Croisic, n'y
paraissent aujourd'hui qu'à de rares intervalles. D'un
autre côté, les salines de l'Est de la France, exploitées
par une compagnie riche et puissante, menacent les sels
marins d'une funeste concurrence. Pour écarter ceux-ci
des marchés, la compagnie de l'Est se résigne à tous
les sacrifices, et c'est ainsi que, par une singularité
digne de remarque, elle baisse ses prix, à mesure
qu'elle expédie ses sels à une plus grande distance du lieu
de production. Aussi, tandis que le prix des grains s'est
prodigieusement accru depuis un siècle, M. Bechameil
de Nointel, intendant de Bretagne, qui, en 1698, a
rédigé une statistique de la province, atteste qu'à cette
époque, le prix des sels variait de 25 à 80 livres le

muid (1). C'est précisément leur valeur aujourd'hui. Encore, on pourrait observer que, malgré plusieurs récoltes mauvaises, le prix n'a pas atteint, en 1839, le taux indiqué par M. de Nointel. Les sels vieux se vendent à peine, en ce moment, 60 fr.

Cependant, nous devons faire observer, à ce sujet, que la découverte des sources salées et des mines de sel gemme, que nous avons signalées, remonte déjà à une époque asssez ancienne, tandis que la dépréciation dans la valeur des sels provenant des marais salants, ne date guère que de sept ou huit ans. Il faut donc chercher ailleurs que dans cette concurrence la cause de la vileté du prix. D'autant plus que, sous ce rapport, les faits semblent en contradiction avec les principes généralement admis et consacrés par la théorie.

Au dire des économistes, le prix d'une denrée se détermine d'après le rapport entre l'offre et la demande. Or, dans le port du Croisic, par exemple, le port de France le plus important, en ce qui concerne le commerce des sels, l'offre n'a pas augmenté. Les récoltes ne sont pas plus abondantes aujourd'hui qu'elles ne l'étaient il y a vingt ans, les trois dernières ont même été fort mauvaises ; et, cependant, le prix des sels qui, en 1824, s'est élevé jusqu'à 130 fr., cette année, n'a pas dépassé 60. Et pourtant, l'année 1839 a été remarquable, en ce qui concerne les expéditions. Sous ce rapport, le chiffre a dépassé toutes les prévisions ; et,

____

(1) Page 95.

tandis que la moyenne n'excède pas ordinairement 24 millions 868,757 kilogrammes, cette année, les expéditions se sont élevées à l'énorme quantité de 33 millions 249,453 kilogrammes. Si donc les effets de la concurrence se font sentir d'une façon désastreuse, ce n'est pas sur la consommation de nos sels, mais sur leur valeur vénale. Ce fait une fois constaté, il est facile d'en indiquer la cause; on la trouve dans la faveur illégale que l'on a continué d'accorder, jusqu'à ce jour, aux sels provenant des sources salées des Basses-Pyrénées, et principalement de Salies et de Briscous.

Les sels de ce canton, extraits jadis en petite quantité, ne servaient qu'à la consommation locale. Ils n'entraient point dans le commerce. Mais, depuis quelques années, la remise exagérée que l'on accorde, pour déchet présumé, ayant procuré aux exploitants d'immenses avantages, la fabrication a pris une certaine extension, et les sels de Briscous se répandent aujourd'hui sur tous les marchés, où on les vend à un prix inférieur au montant du droit. En présence d'une concurrence semblable, il est impossible que le prix des sels marins s'élève au-delà d'un certain taux. Vainement, dira-t-on que, jusqu'à ce moment, on n'expédie les sels de Briscous qu'en très-petite quantité, car on sait, et l'expérience nous l'enseigne, qu'il suffit de vendre au-dessous du cours une faible quantité de marchandises, pour faire baisser les prix. Et voilà pourquoi, en général, et pour le dire en passant, le jeu de bourse est un jeu de dupe ou de fripon.

La production des sels de Briscous, d'ailleurs, prend chaque jour un nouvel accroissement. Jadis, on nous parlait de quelques misérables paysans qui, grâce à la tolérance de l'Administration, puisaient aux sources salées, sans payer de droit, le sel nécessaire à la consommation de leur ménage. La production, circonscrite dans un rayon fort restreint, ne devenait point un objet de commerce et d'exportation. Mais, aujourd'hui, cette branche d'industrie s'exploite en grand; et une compagnie, disposant de vastes capitaux, annonce avec emphase, dans de fastueux prospectus, que les sources qu'elle possède sont inépuisables, et que, bientôt, elles pourront subvenir aux besoins de toute la France.

En 1835, et par une ordonnance en date du 13 février, on a prétendu mettre un terme aux abus que nous avons signalés; mais, malgré certaines dispositions favorables, plus conformes à la justice que les règlements qu'elle a modifiés, cette ordonnance n'a pas détruit la cause du mal. Les sels de Salies et de Briscous jouissent encore d'un privilége illégal, ils se vendent encore sur nos marchés au-dessous du montant de l'impôt; et, dès lors, les propriétaires de marais salants ont quelque droit de se plaindre. Afin de faire cesser leurs justes réclamations, divers projets de loi ont été présentés, et l'on annonce que le ministère se propose de les soumettre de nouveau à la discussion des Chambres (1); espérons que, cette fois enfin, ils seront adoptés.

(1) Un projet de loi sur les sels a été effectivement présenté à la Chambre des Députés, le 12 mars.

Espérons que, supprimant d'injustes priviléges, faisant cesser un ordre de choses illégal, aussi préjudiciable aux intérêts du Trésor qu'à ceux des propriétaires de marais salants, nos législateurs reconnaîtront qu'en France, ainsi qu'en Angleterre, en matière d'impôt, l'équité, c'est l'égalité (1).

Lettres patentes du 10 décembre 1643, enregistrées à la Chambre des Comptes, le 12 janvier 1644, concernant la troque.

LOUIS, PAR LA GRACE DE DIEU, ROI DE FRANCE ET DE NAVARRE, A TOUS PRÉSENTS ET A VENIR, SALUT. Nos bien amez les bourgeois, manants et habitans de notre ville du Croisic et paroisse de Batz nous ont fait remontrer que les ducs de Bretagne, et, après eux, les roys Charles huitième et François premier, nos prédécesseurs, leur auraient, par bonne et juste cause, entr'autres choses, accordez et continuez la permission et priviléges de transporter les sels qui se font audit lieu du Croisic, en tel endroit de la province du Bretagne que bon leur semblerait, iceux troquer et échanger de gré à gré avec des bleds, et d'amener et conduire les bleds en ladite ville du Croisic, pour la nourriture des habitans dudit lieu, et fournitures des navires et autres

---

(1) *Equity is equality.*

vaisseaux nécessaires à leur commerce, sans pour rai-
sons desdits échanges et transports payer aucuns droits
de coustume ou d'issues, dont ils sont tenus quittes et
déchargés, en baillant caution de conduire lesdits bleds
échangés en ladite ville du Croisic, ainsi qu'il est plus
amplement contenu et déclaré par les lettres pattentes,
sur ce expédiées, des années mille quatre cent quatre-
vingt-onze et mille cinq cent trente-deux et autres précédentes y mentionnées, confirmées par autres lettres
patentes du feu roy, notre très honoré seigneur et père,
que Dieu absolve, du mois de juillet mil six cent vingt-
six, desquelles ils ont toujours bien et duement jouy et
usez, comme ils font encore à présent; mais, pour ce
qu'ils ont sujet de craindre d'y être cy-après troublez,
sous pretexte que lesdits droits et priviléges n'ont été
par nous confirmés, depuis notre avenement à la cou-
ronne, ils nous ont très humblement requis et suppliez
leur vouloir octroyer nos lettres sur ce nécessaires. A
ces causes, savoir faisons que voulant, à l'exemple des
roys nos prédecesseurs, favorablement traiter les habitans de notre ville du Croisic, dont le terroir est sté-
rile et incapable de produire des bleds, à cause du voi-
sinage de la mer, et leur faciliter les moyens d'en
avoir pour leur nourriture, nous leur avons continuez
et confirmez, et, de notre grâce spécialle, pleine puis-
sance et authorité royale, continuons et confirmons, par
ces présentes, tous et chacuns les priviléges, droits,
franchises et libertés, qui leur ont été accordez et confirmez par lesdites lettres patentes cy-attachées sur le
contre scel de notre chancelerie, pour en jouir par eux,

ainsi qu'il est porté par ycelles, et qu'ils ont cy-devant bien et duement jouy et usez, jouissent et usent encore de présent, et y donnons en mandement à nos amez et féaux conseillers, les gens tenant notre cour de parlement à Rennes, et Chambres de nos comptes, à notre sénéchal de Guerande ou son lieutenant et autres nos juges et officiers qu'il appartiendra, que ces présentes ils ayent à enregistrer, et du contenu en icelles, souffrir et laisser les exposans et leurs successeurs, habitans de notre ville du Croisic, jouir et user plainement, paisiblement et perpétuellement, cessons et faisons cesser tous troubles et empêchemens au contraire, car tel est notre plaisir; et, afin que ce soit chose ferme et stable à toujours, nous avons fait mettre notre sel à cesdites présentes, sauf en autre chose notre droit et l'autruy en toutes.

Donné à Paris, au mois de septembre, l'an de grace mil six cent quarante-trois, et de notre reigne le premier. Signé sur le reply, par le roy : Dumoley, et scellée de cire verte, à lacs de soye verte et rouge, et sur le même reply est écrit registrées suivant l'arrest de la Cour de ce jour, pour en jouir les impétrans bien et duement, suivant la volonté du roy. Fait au parlement, à Rennes, le dixième jour de décembre mil six cent quarante-trois, signé Monneraye.

Extrait des registres de la Chambre des comptes de Bretagne.

Veu par la Chambre les lettres patentes du roy, données à Paris, au mois de septembre dernier, signées sur le reply, par le roy : Dumoly, et scellées du grand sceau en cire verte, à lacs de soye rouge et verte, obtenues par les bourgeois, manans et habitans de la ville du Croisic, paroisse de Batz, par lesquelles et pour les causes y contenues, sa majesté a continuez et confirmez tous et chacuns les priviléges, droits, franchises et libertez, qui leur ont esté accordez et confirmez par les présentes lettres, attachées sous le contre-scel des susdites, pour en jouir, ainsi qu'il porte icelles et qu'ils en ont cy-devant bien et duement jouy, jouissent et usent encore à présent, comme plus au long lesdites lettres le contiennent, les précédentes lettres desdits priviléges obtenus par lesdits habitans, à Nantes, au mois de juillet mil six cent vingt-six, avec l'arrest de ladite Chambre, portant vérification et enrégistrature d'icellés, du vingt et huitième janvier mil six cent vingt-huit, et autres lettres et arrest estant sous le contre-sel. Requête desdits manans et habitans présentée à ladite Chambre, afin de vérification et enrégistrature desdites, du mois de septembre dernier; conclusions de procureur-général du roy, et, tout considéré, la Chambre a ordonné et ordonne que lesdites lettres seront registrées, pour en jouir les impétrans bien et duement, comme ils ont fait en la Chambre des comptes. A Nantes. le douzième jour de janvier mil six cent quarante-quatre.

Signé EVNAUD, collationné et scellé.

Délivré par le greffier de la ville et communauté du

Croisic, soussigné, de sur les originaux qui sont aux archives de ladite communauté, pour servir au sieur Michel Tengo, suivant la volonté du roy.

Signé Chessée, greffier.

Pour ampliation :

Le Maire de Guerande,

MÉRESSE.

EXTRAIT D'UN MÉMOIRE

SUR LA PROVINCE DE BRETAGNE,

DRESSÉ PAR M. BECHAMIEL DE NOINTEL,

MAITRE DES REQUÊTES, INTENDANT DE LADITE PROVINCE.

ANNÉE 1698 (*).

Les sels que l'on récolte dans le comté Nantois, se font en deux cantons différents. L'un comprend les paroisses qui composent la baye de Bourgneuf et qui sont au nombre de neufs, l'autre est dans le territoire de Guerande et du Croisic, qui ne comprend que cinq parroisses.

---

(1) Ce Mémoire étant demeuré manuscrit et par suite assez peu répandu, nous avons pensé que l'on serait bien aise d'en trouver ici quelques extraits, en ce qui concerne le commerce et la production du sel.

On estime qu'année commune les marais salans de la baye de Bourgneuf produisent 12,000 charges de sel, qui sont du poids de 6,720 liv., et qui font la quantité de 16 à 17,000 muids de la mesure dont l'usage est etably dans la ferme generalle des Gabelles, le prix de la charge depend de la quantité de sel qui se fait dans les marais, et de celles que les etrangers en enlevent ; il a esté reglé par vn arrest du conseil à la somme de 20 liv. par charge pour les sels dont les fermiers generaux pourroient auoir besoin pendant la guerre ; mais le même arrest permettant aux propretaires des marais de disposer du surplus, les étrangers qui en venoient achepter sous des pauillons neutres en ont donné jusques à 60 ou 70 liv. de la charge. Les gens du pays conuiennent cependant qu'en faisant vne année commune de dix, il ne s'en trouueroit pas que le prix de la charge du sel excedât la somme de 30 liv. Les Hollandois et les autres nations du Nord sont ceux qui enlevent le plus ordinairement les sels de la ditte baye de Bourgneuf, et c'est à Bourg-neuf qui s'en fait le commerce.

Les marais salans de Guerande et du Croisic produisent vne plus grande quantité de sel que ceux de la baye de Bourgneuf. Et l'on estime, qu'année commune, il se fait sur les marais de Guerande et du Croisic, la quantité de 26,000 muids, qui est la mesure dont ils se seruent. Le prix du sel y peut estre aussy reglé a 25 liv., année commune, quoique pourtant il soit très difficile d'en faire vne juste estimation ; car il y a des années, comme les deux dernières, où il s'y est fait si peu de sel, que le prix du muid a monté jusques à 80 liv., mais cela est fort rare.

Les sels de Guerande s'enleuent beaucoup, non seulement par les Anglois, les Hollandois et les autres nations du Nord, et ils se chargent tous dans les ports du Croisic, du Pouliguen et de Mesquer; mais il s'en fait aussy vne grande consommation en Bretagne. Car c'est le sel dont on s'y sert, et c'est vn commerce qui se fait par les gens du canton mesme, qui le portent sur des mules par toute la prouince.

NANTES, IMPRIMERIE DE CAMILLE MELLINET. — 80,007.

www.ingramcontent.com/pod-product-compliance
Ingram Content Group UK Ltd.
Pitfield, Milton Keynes, MK11 3LW, UK
UKHW022211070726
13613UKWH00004B/1602